■ ま え が き ■

　「つながる遊び」とは、子ども同士の関わり合いの中でも「身体（肌と肌、力と力など）の接触（ふれあい）」を伴い、からだと心の相互作用による「自分と他者とのつながり」を体感できる活動（経験）です。

　一定の条件（場所、時間、ルール、クラス）のもと、保育者主導で進行（展開）していくプログラムですが、幼児理解に基づき、「運動量＝経験量」を保障しながら（待ち時間が少ない）、「同じパターンをいろんな相手」と繰り返します。子ども同士のやりとりや接点においては、保育者は極力あれこれと口出ししないように努め（必要に応じて声をかけたり問いかけたりはします）、子どもの意思や判断を尊重し、葛藤したり子ども同士で解決しようとする姿を見守ります。

　このような子ども同士の身体接触を伴う関わり合いの経験が、いろんな相手を知るのと同時に自分を知る（身体の調整力＝意思や感情の調整力）ことにつながると考えています。保育指針や教育要領では「環境を通して行う保育」が主流とされています。このようないろんな友達と関わる機会（普段あまり関わりのない子ども同士の関わりも期待できる）も、「環境」の一つであり、その中でいかに振る舞うかは意思や判断に委ねますので、個々の主体性を発揮すること

　保育者主導と子ども主体の相互作用　　　　　　　　　　　　どもたちにとってもおもしろい（愉悦感）活動にもなりま　　　　　　　　　年齢・発達傾向）とその子理解（多様性）の双方を磨くことに　　　　ます。

　このブックレットは、2016年から2019年にわたり、情報誌『ちゃいるどネットOSAKA』に連載した遊びをベースに、年間をおおむね４期（①４、５月友だちと慣れ親しみ期②５、６月道具に慣れ親しみ期③７、８、９、10月プール・運動会期③11、12、１、２、３月習熟・まとめ期）に分け構成しました。それぞれの時期（季節）と年齢（子ども・クラスの習熟）に合わせた内容となっています。

　時期や年齢で遊びを分けていますが、必ずしもその順番通りでなくても「あっ、これ面白そう」「これやってみよう」「これならできそう」というものから、是非やってみてもらえたらと思います。うまくいかなくても、また繰り返しやってみると「あ、こうすればうまくいくんだ」といった発見や気づきがあると思います。そこに、それぞれの実践の現場（保育者と子どもたち）にしかない「本当の面白さ」があるのかもしれません。

　このブックレットが単なる読み物で終わるのではなく、実践の手引書となり、子ども同士が関わり合いつながっていく実践が保育の現場に広がることを願っています。

社会福祉法人　種の会

天王寺こども園　徳畑　等

目　　次

まえがき

3歳児

第1期（P4 ～ P7）
イスをつかったふれあい遊び①
イスをつかったふれあい遊び②
イスをつかったふれあい遊び③
フープをつかったふれあい遊び
フープでんしゃでお出迎え
保育者と一緒「だるまさんがころんだ」

第2期(P8 ～ P11)
ボールといっしょに
2人でフープのお引越し
コーンに玉入れ
マットのまわりを「GO＆STOP」
マットでレスキュー
3人でなべなべ底ぬけ

第3期(P12 ～ P16)
プールでサラダごっこ
玉でコーン倒し
ボールを出したり隠したり
2人組でフープの交換
2人組でボールの交換
保育者対子どもで宝物をゲット

第4期(P17 ～ P20)
真ん中だけに鬼さん
ワニさん、つかまらないよ
保育者と「まる鬼」
保育者と「見つかったらみんなで逃げろ」
保育者と「だいこん鬼」
みち鬼

4歳児

第1期(P22 ～ P25)
あっちからこっちへ交代ムーブメント
イスをつかったふれあい遊び①
イスをつかったふれあい遊び②
イスをつかったふれあい遊び③
マットの上でこんにちは
The　宝さがし

第2期(P26 ～ P29)
フープでじゃんけんれっしゃ
2人でフープのお引越し
「おじゃまします」「いってきます」フープ島鬼
フープで島渡り宝取り
2人でボール遊び
おひめさまを守れ

第3期(P30 ～ P33)
プール遊び「ワニさんとトンネル」
ロケット発射
四方八方コーン倒し
とんでとんで、くぐってくぐって
運んでまわってGO
ダンボールの引っこし

第4期(P34 ～ P38)
2人でじゃんけんスリスリ鬼
「だるまさんがころんだ」フープ島わたり
フープの関所くぐり
8の字鬼
鬼ごっこ「どっちから行こうかな」
チーム対抗　じゃんけん宝とり

5歳児

第1期(P40 ～ P44)
イスをつかったふれあい遊び①
イスをつかったふれあい遊び②
イスをつかったふれあい遊び③
フープでグリコじゃんけん
おうまさんたおし
しっぽか？ コーンか？

第2期(P45 ～ P49)
アルプスじゃんけん
グーとパーでわかれましょ
3人でボール遊び
じゃんけん宝集め
新聞棒ホッケー
3人つながって関所やぶり

第3期(P50 ～ P53)
プールでレスキュー
エンドレストラックリレー
マットでGO！ジャンプジャンプでGO！
4対2引っこし鬼
トントンエーイとトントンエーン
ニコニコキック

第4期(P54 ～ P57)
レスキュー競争（室内向け）
「だるまさんがころんだ」チーム対抗戦
マットに鬼！ 関所くぐり
お鍋鬼
3人で仲間あつめ

3歳児

イスをつかったふれあい遊び①

〈準備物〉イス人数分

●人数分のイスを円形（内向き）に３か所置きます。
　（イスとイスの間隔はあけておく）
●まずはそれぞれの円のなかでピアノの音に合わせて（並足）
　お散歩します。
●ストップの合図で好きなところに座ります。（何度か繰
　り返し）

 ねらい・留意点

１クラスの人数が少ない場合は２つの円でもＯＫです。
従来のような「イスの数が減っていく」というルールでは
なく「アウトはなし＝全員参加」を大前提とし、みんなで
「ゴー＆ストップ」を楽しみます。

↓ ストップ！

イスをつかったふれあい遊び②

〈準備物〉イス人数分

●イスを向かい合わせにランダムに置きます。
●ピアノ（並足曲）で歩く→ストップでイスに坐ります。
●座って向かい合わせの子と「あくしゅあくしゅでこんにちは」をします。
●また歩いて、「ストップ」でイスに坐ります。→「あくしゅあくしゅ…」くり返します。

あくしゅ
あくしゅ
あくしゅで

こんにちは

ねらい・留意点

必ず全員が座れる（アウトはなし）ようにイスの数は減らしません。

イスをつかったふれあい遊び③

〈準備物〉イス人数分

● 3つのイスをくっつけて置きます（内向きでも
　OK）。
● 3人でそのまわりをグルグルまわり、ストップの
　合図でイスに座ります。

ねらい・留意点

「動く」＋「座る」というメリハリのある動きを繰り
返すことで、短い時間の中で集中状態が持続します。
3歳児の場合、「同じ場所」「同じ相手」とくり返す
方が理解と見通しが立ちやすいでしょう。

ストップ！

フープをつかったふれあい遊び

〈準備物〉フープ2人に1本

● 2人でフープを持って座ってシーソーとク
　ルクル（横に回す）します。
● 次に2人でフープを持って反対側にフープ
　を置きに行きます。
● フープを置いたら反対側に戻り、ヨーイド
　ンで自分たち（2人で）が置いたフープま
　で行って、そのフープの中に入ります。2
　人がフープに入ったらシーソーをしてクル
　クルをします。
● また、反対側にフープを持っていき、同じ
　要領で繰り返します。

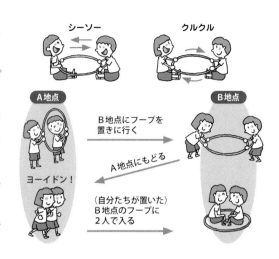

ねらい・留意点

単純な2人の共同作業のなかにも微妙な意思の伝え合いがあります。他の2人組との場所
間違いによるやりとりも生まれます。

フープでんしゃでお出迎え

〈準備物〉フープ人数の半数

● 全体を半分に分けます（マットなどで場所をつ
　くる）。
● 半分の子どもにフープを1つずつ渡します。
● フープの中に入って（運転手）反対側にいる子
　ども（お客さん）を迎えに行きます。
● お客さんはフープの後ろを持って反対側の場所
　（マットなど）まで電車になって行きます。
● お客さん全員の移動ができたら、役割を交代し

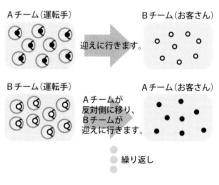

　ます。運転手チームの子どもたちは反対側のマットに行ってお客さんになって待ちます。
● 同じ要領で繰り返します。

半分に分けた時、帽子で色分けします。
フープの中（先頭）→運転手、フープの外（うしろ）→お客さんの2
人組を基本にします。

保育者と一緒「だるまさんがころんだ」

〈準備物〉 コーン数本

- 保育者が子どもと一緒に「だーるまさんがこーろんだ」
  と言いながら前にすすんで、「だ！」で止まる。「前にす
  すむ」と「止まる」を動きで理解します。
- 「だ！」のところで止まれているかを子どもたちとやり
  とりしながら進めましょう。
- ゴール（コーンなど）を設定しておき、そこにタッチ（も
  しくはたどり着いたら）すればゴールとして、端を通っ
  てスタート地点から再スタートします。（3歳児の場合、
  全員の子どもがゴールにたどり着くまでみんなで待ちま
  しょう。全員がスタートに戻ってきてから、また一緒にスタートします。）

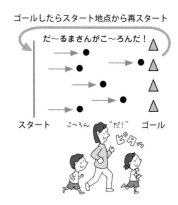

ゴールしたらスタート地点から再スタート

だ～るまさんがこ～ろんだ！

スタート　こ～ろん　"だ！"　ゴール

スタートからゴールまでの距離によって（長い→ゆっくり、短い→はやく）「だーるまさん
がこーろんだ」のテンポを変えましょう。
保育者が一緒に参加することで、ルールとおもしろさを動作（見本）と説明（言葉）で同
時に伝えることができます。

室内であれば「おうまさん」「おしりすりすり」でも可能。戸外であれば「2人で手をつな
いで」もできます。

ボールといっしょに

〈準備物〉ボール人数分

● ボールとボールでごっつんこ（友達のボールとボールをくっつける）。
● ボールとおしりでごっつんこ（ボールと友達のおしりをくっつける）。
● 違うボールにお引越し（全員ボールの上に座って、ひっこし！の合図で引っ越して座る。2〜3回くり返し）。

ボールとボールでごっつんこ

ボールとおしりでごっつんこ

● ＝子ども
○ ＝ボール

ひっこし！

違うボールにお引越し

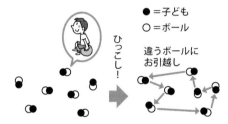

ねらい・留意点

ボールを持った状態で動く・止まるのメリハリをつけましょう。

2人でフープのお引越し

〈準備物〉フープ、コーン各7〜8本

● コーンにあるフープを2人で持って、空いているコーンの所に引っ越しさせます。
（目安20人の子どもに対して、7〜8か所くらいあれば望ましい）
● エンドレスで繰り返し
● 相手を変えて繰り返し
● すべてのコーンにフープを置き、引っ越しではなく、入れ替えにする。エンドレスで繰り返し。

フープを運ぶことで、2人が離れてしまうことはあまりないでしょう。他の2人とタイミングが重なった時などは、どちらかが譲るという選択も生まれます。でも、フープの場所の選択肢もたくさんあるので、子ども同士で気持ちや考え方を切り替えるということにもつながっている内容ともいえるでしょう。

○＝フープ　●＝子ども　▲＝コーン

空いているコーンにフープを引っ越し

別のコーンにフープを入れ替え

コーンに玉入れ

〈準備物〉玉入れの玉：たくさん　コーン3本程度

●頭の上にのせて「こんにちは」でポトン。また乗せて繰り返し。
●上に投げてキャッチ。
●コーン（タライ・箱など）に入れてみよう…子どもが玉を持って背伸びするかジャンプすれば届くくらいの高さでコーンやタライなどを保育者が持ち（できれば複数）、そこに子どもが玉を入れていきます。30〜50個くらいの玉をどんどん入れていき、いっぱいになったら子どもたちの頭の上からひっくり返して下に落とす。また入れるの繰り返し。

上に投げてキャッチ。

いっぱいになったらひっくり返す。

玉入れは「高さ」ではなく「玉を入れるところ（かごやコーン）」を複数にして、玉が入る経験をたくさん積めるようにしましょう。

マットのまわりを「GO&STOP」

〈準備物〉マット（1枚に5〜6人）×グループ数

● 1枚のマットのまわりを5〜6人で回り、ストップの
合図でマットに入ります。
● 次に「マットに入ったら…お山すわり、うつぶせ、V
字バランスなどしてみましょう」というように、いろ
んなポーズをつくって、またマットのまわりをグルグ
ルというように「GO&STOP」を繰り返します。

ストップ！

くりかえし

マットに入ったら…
おだんごになって
みましょう

ねらい・留意点

静と動のメリハリをつけて展開するのとともに、形はシ
ンプルに同じパターンをくり返します。

マットでレスキュー

〈準備物〉マット（ロープ付き）

● 引っぱるチームと助けてもらうチ
ームを分けます。
● 引っぱるチームは3〜4人で2人
をマットにのせて、マットを引っ
ぱってきます。
● 全員が引っぱってこれたら交代し
ます。

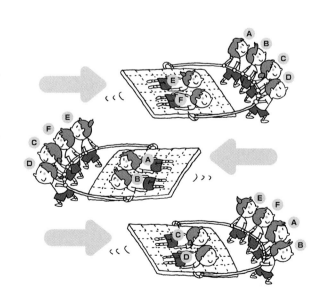

ねらい・留意点

自分の力をしっかり出すことによっ
て友達の重みを身をもって感じるこ
とができます。

3人でなべなべ底ぬけ

● 3人で手をつなぎます（内向き）。中心に1人立ちます。
● なべなべそこぬけそこがぬけたら…で、真ん中の1人が手のトンネルをくぐって出ます。
● 出た1人は3人がうまく返れるように手伝います。
● 次は外向きで「なべなべそこぬけ、そこがぬけたら…」で、外の1人が手のトンネルをくぐって今度は中に入ります。また、戻れるように3人を1人が手伝います。
● お手伝い（1人）を交代して繰り返します。

ねらい・留意点

「なべなべ底抜け」を保育者だけが指導するのではなく、子ども同士で助け合いながら成功できるようにすることがねらいです。

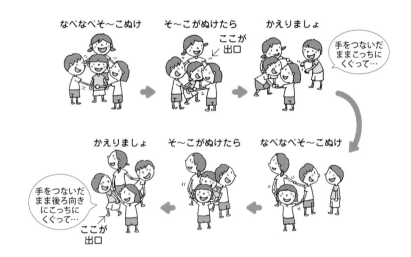

（註）中に入る1人の子が、出たところが出口になる。

Point ふれあい遊びについて

「ゴー＆ストップ」（静と動、メリハリ）を意識した展開と、「同じパターン（あくしゅあくしゅ、なべなべ底ぬけなど）」を「いろんな子と（メンバーチェンジ）」繰り返すことが遊びを進めていく「柱」になります。ルールのアレンジ（臨機応変さ）の仕方や進め方は実践する保育者の経験や力量によって違いがあって当然です。そこに良し悪しはなく、保育者自身の理解と子ども（集団）理解を深めるきっかけになるはずです。
また「うまくいった経験もうまくいかなかった経験も」どちらも子どもたちにとって大切な経験であるという認識が必要です。

プールでサラダごっこ

〈準備物〉コーン

●コーンなどでプールの水を汲み、そのコーンの色に合わせて、例えば白であれば「マヨネーズ」、赤であれば「ケチャップ」。子どもたちを「野菜」に見立てて、「マヨネーズかけて食べちゃおうかなぁ」と言いながら、コーンにたまっている水を子どもたちの頭の上から少しずつかけていきます。水がなくなったらまた水を汲んで繰り返します。

 ねらい・留意点

水がかかっても平気な子と、苦手な子をよく見極めながら水を上からかけ流すようにしましょう。水がかかるのが苦手な子には、上から落ちてくる水に自ら触れてみようとできるような働きかけを考えましょう。

玉でコーン倒し

〈準備物〉玉入れの玉：人数の半数、コーン、コーン台

●2人で玉を1つ持って、座って転がし合い、ひざをついてキャッチボール、立って蹴り合いをします。

●2人でじゃんけんして2チームに分かれて（勝チームと負チーム）、コーンに玉を当てコーンを倒します。コーンの下に台を置いて少し高さをつけます。倒れたコーンの数で勝敗を決めます。

転がし合い　　キャッチボール　　蹴り合い

線からコーンまでの距離は、子どもたちがコーンを倒せるかどうかの距離によって調節しましょう。

ボールを出したり隠したり

〈準備物〉［タライ１つ・ボール３個］×列数

●2人組でタライのところまで行き、中に入っているボール３個をいったん出して、ボール３個の上からタライをかぶせます。
●2人で戻って次の2人にタッチして交替します。
●次の2人組はタライをあけて上向きにし、ボールを入れて戻ります。
●エンドレスで繰り返します。

ボールにタライをかぶせたら元の所に戻る。

ボールをタライから出す。

次の2人組はタライをあけてタライを上向きにもどす。

ボールをタライに入れたら元の所に戻る。

ねらい・留意点

同じ体験を何度もできるように、１列の人数を４～６人くらいにします。距離は短く（５ｍくらい）、短い時間でくり返します。

2人組でフープの交換

〈準備物〉［イス2脚・フープ2色を各3本・コーン4本］×4〜5列

● 2人で3つのフープAを、Bのフープと入れ替えます。エンドレスで繰り返します。

ねらい・留意点

短い距離、少人数（3回に1回程度順番がまわってくる）、エンドレスで繰り返します。
短い時間の中で何度も経験できるように設定しましょう。

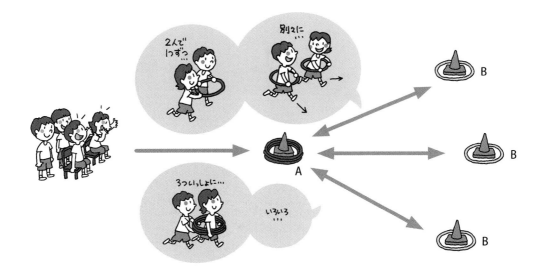

2人組でボールの交換

〈準備物〉［タライ1個・ボール2色を各3個］×4〜5列

● 2人で3個のボール（例えば赤色3つ）をタライに入れて、同じく反対側に入っている
　タライ（例えば青色3つ）の所まで運び、3個のボールを入れ替えて、スタート地点に
　戻ります。
● 次の2人も同じようにタライを持って運んでボールを入れ替えます。エンドレスで繰り
　返します。

タライを置く、ボールを出す、入れ替える、という役割を2人で考えたり、葛藤したり、力を合わせたりしながら、エンドレスで何度も経験します。

タライに入れて
3つのボールを
運ぶ

3つの
ボールを
入れ替える

スタート地点に戻る

Point　運動会について

練習する際のポイントは、「少人数」「短い時間」「エンドレス」この3つを意識しましょう。2、3歳児の場合は、「待つ」↔「自分の番」というように「2回に1回」は回ってくるようにしましょう。なおかつ動く距離は5m程度と短くし、一度にクラス全体にしないで半分ずつ（10人程度）で、短い時間（7〜8分程度）で繰り返しましょう。4、5歳児でも「3回に1回」は順番が回ってくるような設定で、いろんな子とできるとよいでしょう。
待つところ（次の番）に「イス」を置いておくことも大切な設定条件になります。

保育者対子どもで宝物をゲット

〈準備物〉マット4枚、玉20～30個

①保育者対子ども

●保育者がマットの上でうつぶせになって、お腹のところに玉入れの玉などを数十個隠します。

●子どもたちは玉を1個取って、自分たちのマットに持ち帰ります（エンドレスで繰り返し）。

●保育者の玉がなくなったら、予備の玉をまた取ってお腹のところに隠します。

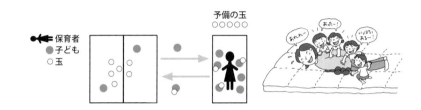

②子ども対子ども

●2チームに分かれて、半分の子どもは隠すチーム、半分の子どもは取りに行くチーム。30秒続けます。※玉を取られたら、予備の玉を1個取ってまた復活します。

●交替して同じ要領で30秒行います。

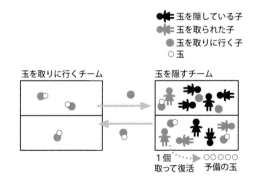

ねらい・留意点

保育者対子どもでする際に「服をひっぱらない」とか「玉は1個ずつしかとれない」などのルールを伝えながら行いましょう。

つながる あそび 第4期 鬼ごっこやチームで対抗する遊び

真ん中だけに鬼さん

〈準備物〉 マット5枚、コーン4本

● マットからスタートして、おしりスリスリで
　コーンを目指します。
● 真ん中のマットに鬼（保育者）がいて、行く
　手を阻みます。
● 鬼はマットからは完全に出られないが、足だ
　けついていれば身を乗り出し手を伸ばして、
　行く手を阻んでも良いです。
● コーンまでたどり着いたら立ってスタートの
　マットに戻って再スタートします。

ねらい・留意点

鬼（保育者）は行く手を阻みますが、タッチは
しません。届きそうで届かないところですり抜
けていくこと楽しみます。

アレンジ

お馬さん、ワニさんなど動き方を変えてみまし
ょう。

●=子ども　　●=鬼役の保育者

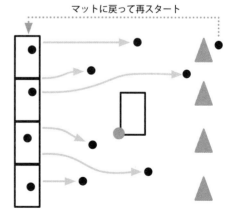

ワニさん、つかまらないよ

〈準備物〉 養生テープなど（A、B、Cのライン）

●クラスを半分に分けます。
●ヨーイドン！でBの子どもたちはおふね（お しりスリスリ）で逃げ、Cの子どもたちは ワニ（腹ばい）で追いかけます。Aのライ ンまで逃げることができたらセーフ。
●交代して繰り返します。

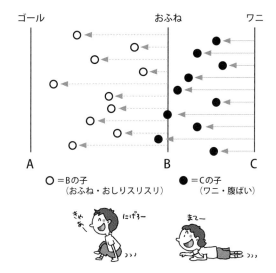

ゴール　　　　　　　　　おふね　　　　　　ワニ

A　　　　　　　　　　　B　　　　　　　　C

○＝Bの子　　　　　　　　　　●＝Cの子
（おふね・おしりスリスリ）　　（ワニ・腹ばい）

ねらい・留意点

BとCの距離は、Bのほとんどの子どもが 「セーフ」になるくらいの距離に設定しま しょう。「ワニ」が捕まえることよりも、「お ふね」がワクワク感を味わって「逃げるこ とができた！」という安心感と達成感を味わう経験を重視しているからです。

保育者と「まる鬼」

〈準備物〉 室内の場合：ビニールひも、長縄などを養生テープで貼りつけ円形をつくる
戸外の場合：水線などで円形を描く

●円を描き、入り口と出口をつくります（各々2mくらい開ける）。
●鬼は円の中しか動けません。
●子どもは入り口から入って、タッチされずに出口まで行ったらセーフ。
●出口を出たら円の外をまわって帰ってきて、入り口か ら入ってスタートします。

ねらい・留意点

鬼は保育者が行い、あまり激しく追いかけ過ぎないよ うにして、タッチされそうでタッチされない状態をつ くりましょう。

保育者と「見つかったらみんなで逃げろ」

〈準備物〉 マット数枚、宝もの3個

●=子ども
●=宝ものを隠している
子ども

●マットを対面に置きます。
●どちらかのマットに全員がうつぶせで寝ます。
●（玉入れの玉など）3つだけ「宝もの（食べ物で
もよい）」をお腹の下で隠している子どもを決め
ます。
●保育者は鬼やオオカミなどに演じて、「宝物（食
べ物）はどーこーだー」と言いながら、1人ずつ
体をひっくり返して見つけようとします。
●宝もの（食べ物）を見つけたら「あったーーー！」
と大きな声で叫びます。
●見つかったら全員で「みんな逃げて〜」と言って反対側のマットまで逃げます（立って
走るのが危ない場合はおしりスリスリ）。
●反対側のマットでも同様に、隠す3人の子どもを交代して同じ要領で繰り返します。

ねらい・留意点

保育者は見つけようとしたり追いかけたりと演じることに徹して、子どもを捕まえないよ
うにしましょう。そのなかで逃げるまでの「ドキドキ感」や、みんなで逃げることができ
たという「一体感」を味わうことができます。

保育者と「だいこん鬼」

〈準備物〉 動く範囲がわかる目印

●タッチされるとその場にしゃがんでだいこんになって固まります。
　（頭の上で両手を広げて親指と小指をつけてダイコンの葉っぱのように見立てます）
●仲間が手首を持ち、上に引っ張って立たせてあげると復活できます。

ねらい・留意点

固まり方もシンプルで助け方もシンプルなので、2・
3歳児向けです。鬼ははじめのうちは保育者が行う
ようにしましょう。
人数によって広さは調整しますが、ラインや目印で
動く範囲を決めた方がよいでしょう。

みち鬼

〈準備物〉 コーン数本、またはライン

●壁があれば壁から2〜3mくらいのところにコーン、または線で「道」をつくります。
●道の間しか進むことはできず、鬼にタッチされたらスタートに戻って再スタートします。
●ゴールまで行けたらまたス
　タートから再スタート。

ねらい・留意点

鬼は線の中に入ることはでき
ず、手を伸ばしてタッチしま
す。手を伸ばしても1人分が
通り抜けるスペースができる
ように、道の幅を調節しまし
ょう。

４歳児

あっちからこっちへ交代ムーブメント

● 1クラスを半分に分けます。
● 半分が横向きでうつぶせで寝ます。半分の子どもは、こっちからあっちへ行く途中に寝ている子どもの背中をおいもになってごろんと転がります。10数える間にこっちからあっちへ行き交代します。
● 同じ要領で足のトンネル（くぐる）、2人の手のトンネル（くぐる）、長座（跳ぶ）、一本足（よけていく）、お馬で動いている（よけていく）など、いろんなパターンを試します。

ねらい・留意点

「10秒のあいだに…」と時間の制約を設けないと、展開が間延びしてしまいます。保育室など狭い場所の方が子ども同士のふれあいが多くなります。広い場所であれば端の方だけを使うなど、スペースを限定した方がよいでしょう。

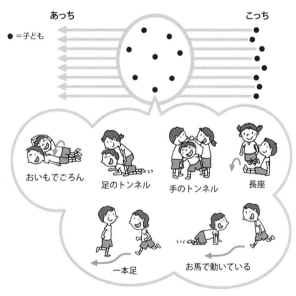

あっち　　　こっち
● ＝子ども

おいもでごろん　足のトンネル　手のトンネル　長座

一本足　お馬で動いている

イスをつかったふれあい遊び①

〈準備物〉イス人数分（徐々に減らす）

● イスを円ではなくランダムに置きます。
● ピアノの音でお散歩しストップで座ります。2つずつくらいイスを減らしていき、座れなかった人は友達の上に座ります。3分の1くらいまでイスを減らしていきます。

●3分の1、半分と徐々にイスの数を2人1組になるまで減らしていきます。全体が2人1組になったら、手の押し合いっこやなべなべ底抜けなど、ふれあい遊びを間に入れて、またみんなで動いてイスに座って(ペアが変わる) ふれあい遊びを楽しみます。

ねらい・留意点

友達の膝の上に座ったり座らせてあげたりすることで、友達の存在をより意識するとともに、いろんな子ども同士がかかわるきっかけが生まれます。

な〜べ〜　な〜べ〜

イスをつかったふれあい遊び②

〈準備物〉イス3人に2脚

●2つのイスを横並びで置きます。
●3人でイスのまわりをグルグルまわり、ストップの合図で3人中2人はイスに座ります。残りの1人はどちらかの友達の膝の上に座ります。（何度か繰り返し）
●メンバーチェンジする時は膝の上に座っている子が別の2人の膝の上に座りに行って、新しい3人をつくります。

ねらい・留意点

3人のなかで、誰がイスに座って、膝の上に座るのは2人のうちどちらなのか、といった「葛藤場面」が生まれます。繰り返していく中で様々な心の動き方を経験できます。

ストップ！

メンバーチェンジ

イスをつかったふれあい遊び③

〈準備物〉イス人数分

●イスを外向きに置き（従来のイス取りゲームと
　同じ）、歩いて音楽が止まったらイスに座ります。
●1つイスを減らして繰り返します。座れなかった
　子は円の横に1つイスを置いて座ります。もう1
　つイスを減らして、はじめに座れなかった子の
　イスの横に置きます。
●アウトになった子はとなりのスペースのイスで、
　同様にイスのまわりをまわってストップでイスに
　座ります。
●最初のサークルは徐々にイスが減っていき、ア
　ウトになっていった方のイスはだんだん増えて
　きます（減っていったイスの方は常にイスが1つ
　少ない状態で、アウトになっていったイスの方
　は常に1つ多い状態になります）。

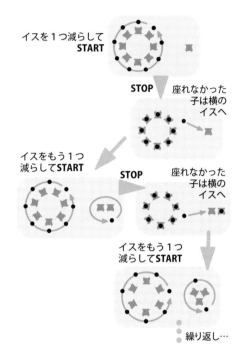

ねらい・留意点

アウトになっても参加している状態をキープできます。だんだん減っていく緊張感と、ア
ウトになっても間違いなく座れるという安心感と、どちらも味わうことができます。

マットの上でこんにちは

〈準備物〉マット4枚

●マットを4枚程度縦につなげて置きます。
●2か所に分かれて両サイドに並び、マットでのいろんな動き方で反対側まで行きます。端ま
　で行ったらその列の最後尾に並びます。

● 途中反対側からくる相手とすれ違う際は、うまくお互いが
すれ違えるように工夫します。
※おいもゴロゴロ、お馬さん、クマさん（両手両足ついて
すすむ）、クマさん横向き、両足を広げたまま、でんぐりが
えし、歩く、キリンさん（つま先歩き）、カエル、クモ歩き（両
手両足ついて仰向け）、ワニ（腹ばい）などなど。

おいもゴロゴロ

キリンさん

クマさん

クモ歩き

ワニ

ねらい・留意点

マット運動では、日常生活ではなかなか味わえない動作が経験できます。友達の動きに合わせてすれ違う時に、自分の動き方もそのままではなく、その動きのまますれ違えるようにお互いが判断して工夫し合うところがポイントです。

The 宝さがし

〈準備物〉マット3枚、玉3個

🧍宝物を隠している子　🧍宝物を隠していない子　●宝物を探す子

● 全体を4つのチームに分けます。
● そのうち1つのチームが宝物を探すチーム。残りの3チームは、チームに1個の宝物をうつぶせでお腹の下に隠します（3チームの子どもは全員うつぶせで寝ている状態）。チームの中で「誰が宝物を隠すのか」を相談して決めます。
● 探すチームは、3チームのスタンバイができるまで、反対を向いて目をつぶって、誰が隠しているかを見ないようにします。
● 「スタート」ではじめて20秒数え、3個のうち何個見つけることができるかを競います。
● ローテーションで隠すチーム3、探すチーム1を交代していきます。

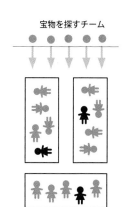
宝物を探すチーム

ねらい・留意点

玉を隠していない子も、隠しているふりをして、ひっくり返されないように踏ん張ります。誰が隠すのか話し合いで時間がかかるようであれば、チームのなかで順番に隠す人を　交代してもいいでしょう。

つながる あそび 第2期 ボールやフープなどに慣れ親しむ遊び

フープでじゃんけんれっしゃ

〈準備物〉フープ人数の半数

● 2人電車（運転手さんはフープの中、お客さんはフープの外）で自由に動き、先頭同士がじゃんけんします。
● 勝った電車（2人）は、2人とも運転手（フープの中）、負けた2人は2人とも後ろ（フープの後ろ）につながって、また新たな2人の電車でじゃんけんする相手をみつけます。

ねらい・留意点

じゃんけんをする度に相手が変わり、運転手、お客さん、いろんな相手、というようにいろんな役割やいろんな相手とのかかわりを経験することができます。

2人でフープのお引越し

〈準備物〉フープ人数の半数

● フープをランダムに置き、2人ずつフープの中に入って座ります。
● 手をつないで立って、「引っ越し！」の合図で、手をつないだまま別のフープに引っ越しします。座ります。（何度か繰り返し）
● 次は手をつながないで（離して）引っ越しします。
● メンバーチェンジ➡繰り返し。

ねらい・留意点

いきなり手を離して２人で引っ越しとすると混乱が生じます。「２人一緒に」ということと「２人で場所を選ぶ」「決める」ということは、子どもたちにとっては、なかなかそんなに簡単にはいかないということを保育者は理解しておきましょう。子どもの様子を見ながら繰り返すことが大切です。

◯＝フープ　●＝子ども　●●＝手をつないだ子ども

「おじゃまします」「いってきます」フープ島鬼

〈準備物〉フープ人数の半数

- 半数が１つのフープの中に１人ずつ入ります。半数はフープの外。
- 外の人はフープの中の人に「おじゃまします！」と言ってタッチします。タッチされると中の人は「いってきます」と言ってフープの外に出ていきます。
- これだけをしばらく繰り返し、フープの中の人と外の人の入れ替わり方を理解します。

- 次に鬼（はじめは保育者）がフープの外の人を追いかけます（フープの中に入るとタッチされない）。
- はじめはタッチはなしで追いかけるだけを楽しみます。
- 慣れてきたらタッチされたら鬼交代（鬼の目印あり）で行います。

ねらい・留意点

「場所（戸外・室内）の広さ」「全体の人数」によって「フープの数」と「鬼の人数」を増やしたり減らしたりして、その場に合わせて活性化を図りましょう。

フープで島渡り宝取り

〈準備物〉フープ7〜8本

●2人1組で手をつなぎます。
●フープの中は「2人とも入っているか」「どちらか1人だけが入っていても」、タッチされずアウトにはなりません。
●途中「鬼にタッチされない」か、「手が離れない」で宝物のところにたどり着けたら、宝物を「1個」ゲットできます。タッチされたり、手が離れたりした場合は、横に出てまたスタートラインから2人で手をつないで再スタートします。3〜5分程度で鬼を交替していきます。

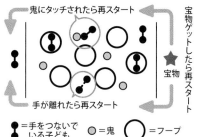

ねらい・留意点

実際にやってみて最初は保育者が、「何がアウトで何がセーフなのか」が子どもたちに浸透するようにジャッジしましょう。その後は子ども同士でルールを守れているか、ルールの中で工夫が見られるかなどを、子ども達と一緒に考えていきましょう。

2人でボール遊び

〈準備物〉ボール2人に1個

●2人でボール1個を用意します。
●座って足を開いて転がし合い、ワンバウンドパス。
　背中合わせで足を開いて→股の下から、頭の上から、横から、反対から手渡しパス。
　※すべて5回ずつ

転がし合い　　ワンバウンドパス　　股の下から　頭の上から　横から　反対から

●ボール取り。1人は膝をついて両手で抱えて守ります。もう1人はボールを持って取りにいきます（10秒で交代、相手も変えていく）。

ボール取り

ねらい・留意点

「回数」や「秒」を決めて進めていくほうが見通しが立ち、全体の集中力は持続されます。その制約のなかで、個々やペアのペースに合わせて時間をかけて待つことも大切です。

おひめさまを守れ

〈準備物〉フープ3人に1本

●3人1組になります。
●Aはフープ（床に置く）の中、B（おひめさま）はAの肩を持ってつながります。CはAと向き合って立ちます。
●よーいスタートでCはBの背中をタッチしに行きます。AはBがタッチされないようにフープから出ないようにして、両手を広げて（捕まえるのはなし）ガードします。
●5秒間でストップしてAはおひめさまに、Bはタッチする役に、Cはガード役になって（ローテーション）くり返し。

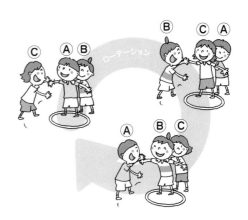

ねらい・留意点

はじめは必ず5秒間なら5秒という時間を決めて行いましょう。室内等で場所が狭い場合は、C（タッチをする人）は床におしりをつけたまま、タッチするなどルールをアレンジしましょう。また隣のグループとぶつからないように間隔をあけるようにしましょう。

プール遊び「ワニさんとトンネル」

●クラスを半分に分けます。
●半分の子どもは両手をプールの縁に置きトンネルを
　つくります。
●半分の子どもはワニさんになってトンネルをくぐっ
　てプールを同じ方向に周回します。
●2〜3分で交代します。

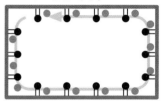

＝トンネルをつくる子
＝ワニさんになる子

ねらい・留意点

水の深さは概ね子どもの膝より少し上。「ワニさ
ん」ができない子は「おうまさん（膝をつく）」「ア
ヒルさん」など、自分ができる動き方を選べるよ
うにしてあげましょう。

おうまさん

アヒルさん

ロケット発射

〈準備物〉［イス・コーン］×列数

●3人電車、先頭の子だけイスに座って後ろ2人は両手で前の子の肩を持ちます。
　※5歳児の場合はイスなしでもOK
●一番後ろの子が「ロケットはっしゃ！」と言って、前の子の肩を両手でタッチします。
　2番目の子どもも「ロケットはっしゃ！」と言って先頭の子の肩を両手でタッチします。

●1番目の子はスタートして反対側のコーンを回ってきます。
●戻ってきたら同じように「ロケットはっしゃ！」で両肩をタッチして、同じ要領で繰り返します。

イスからコーンの距離は5mくらいです（室内でも可能です）。「ロケットはっしゃ！」という言葉と「両肩タッチ」の動きが セットになることで、合図に対しての反応力を養います。

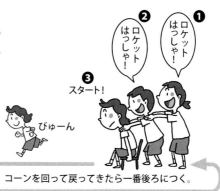

四方八方コーン倒し

〈準備物〉玉入れの玉、マット4枚、台1つ、コーン1本

●4チームに分かれます。
●マットの上から真ん中のコーンをめがけて玉を投げます。玉を拾いに行くときはマットから出ても良いです。
●倒したチームが1点入ります。
●倒れたら保育者がすぐにコーンを立てて再開します。
●1分間行い点数を数えます。
●マットの場所を移動して再スタートです。

ねらい・留意点

最近の子どもたちは特に「投げる動作」の経験が極端に少なくなっています。投げる技術を教えるのではなく、投げることに夢中になれるような状況をつくり、何度も何度も投げる経験を積むことが幼児期には大切です。

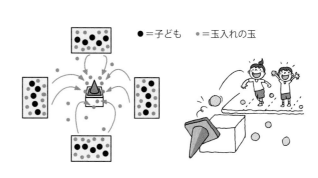

とんでとんで、くぐってくぐって

〈準備物〉[マット１枚・コーン１本] ×列数

●２人（Ａ）＋２人（Ｂ）で行います。
●行き）Ｂうつぶせ寝：Ａとんでとんで
●帰り）Ａトンネル：Ｂくぐってくぐって

ねらい・留意点

４人のなかで誰が「うつぶせ」「跳ぶ」「トンネル」「くぐる」かをあらかじめ決めないで、その４人で瞬時に判断するように促しましょう。同じ役割ばかりが嫌な子は自分で主張します。

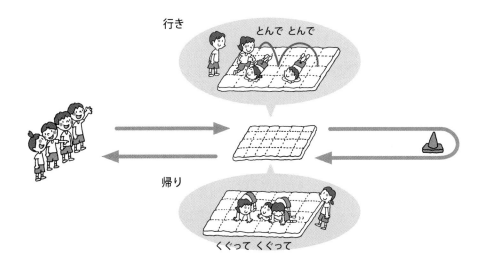

運んでまわってGO

〈準備物〉マット1枚、コーン2本

●マットを4人で運んで、コーンを越えたら、そのまま180度回転してコーンの間を通ってスタート地点まで戻ってマットを置きます。
●次の4人はマットが置かれたらスタート。エンドレス。

ねらい・留意点

　4人が持って回転するためには、それぞれの方向に走らないとうまく回転できないことを、何度も繰り返して感覚をつかんでいきます。力任せに走るのではなく4人が協調しながら回れるかがポイントです。

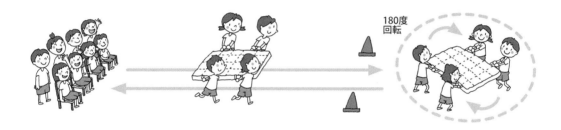

180度
回転

ダンボールの引っこし

〈準備物〉［ダンボール5個・コーン1本］×列数

●3人1組でダンボール5個を壊して、コーンを回って組み立てます。

ねらい・留意点

3人で自分の役割を考えて完成できるように見守りましょう。

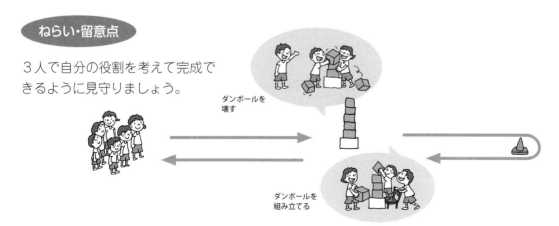

ダンボールを
壊す

ダンボールを
組み立てる

2人でじゃんけんスリスリ鬼

- 2人で向かい合って座ってじゃんけんをします。
- 勝ったら鬼、負けたら逃げる→どちらもおしりスリスリで
- 勝ったら両手で顔を覆って5数えてから追いかけます。負けた方は数え出したら逃げます。
- スタートして10秒程度でストップして、もう一度同じ相手とじゃんけんします。
- ペアをチェンジします。
- じゃんけんしたらすぐにスタートです（勝った方も5数えない）。
  タッチされたら、またそこでじゃんけん。

ねらい・留意点

ルール（勝ったら追いかける、負けたら逃げる、おしりスリスリ、自分の相手を追いかけるなど）が理解できるまでは、保育者主導で「5数えてスタート、10秒程度ストップ、またじゃんけん」を行いましょう。
ルールが理解できたら、「タッチされたら自分たちでその場でじゃんけん」という、「子どもが主体」でできるルールに移行させましょう。

「だるまさんがころんだ」フープ島わたり

〈準備物〉フープ7〜8本、コーン4本

●スタートから「だーるまさんが、こーろんだ」でゴールを目指しますが、「だ!」の時に「フープの中に片足だけでも入っていなければアウト」になります。
●アウトになったら横からスタート地点に戻って、再度スタートします。
●ゴール（コーンなど）まで行けたらOK。端を通ってスタートから再スタートします。

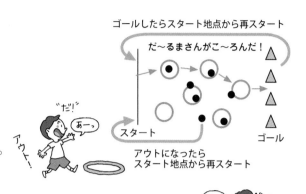

ゴールしたらスタート地点から再スタート

だ〜るまさんがこ〜ろんだ!

スタート

ゴール

アウトになったら
スタート地点から再スタート

"だ!"
あー!

アウト!

アウト!
あー!
アウト!

ねらい・留意点

場所や人数に応じて、フープの数、間隔を増やしたり減らしたり調整しながらすすめましょう。子どもたちに「フープは動かさないでね」と約束しておきましょう。

アレンジ

鬼が（1人だけ）いるバージョン。フープからフープへの移動の際にタッチされたらアウト。

Point　鬼ごっこ・チーム対抗について

○鬼ごっこ
　「人数」と「広さ」と「鬼の数」、この3つのバランスを常に調整することがポイントです。年齢（経験知）の低い子どもたちは「こっちからあっちへ」「ここまで」というように、動線や目印をはっきりさせ、ルールや動線が理解できるまでは「鬼なし」で繰り返す、または「鬼がいてもつかまえない」ところから始めていくと良いでしょう。

○チーム対抗
　「半分ずつに分けて守る・攻めるを交代」「4チームでローテーション」など、経験がある程度均等になるようにしましょう。「競う」という要素が入る場合は、長々と時間をかけず「10秒で」「30秒で」「1分で」というように時間を決めて行うと見通しが立ちやすくなります。

フープの関所くぐり

〈準備物〉マット4枚、フープ5～6本、コーン4本

● マットからコーン目指して室内はおしりスリスリ
　（戸外は走る）で移動します。
● フープの中に鬼がいて、鬼はフープから出ては
　いけません（片足は出てもOK）。
● タッチされたら横からスタートのマットに戻って
　再スタート。
● 一定の時間（3～5分）で鬼を交代します。

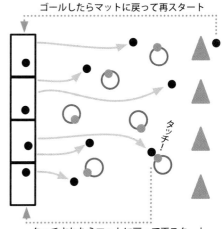

ゴールしたらマットに戻って再スタート

タッチ！

タッチされたらマットに戻って再スタート

ねらい・留意点

鬼の子どもがフープから片足を出して手を伸ば
した状態で、届くか 届かないかくらいの間隔に
なるように設定しましょう。

● ＝子ども　　● ＝鬼役の子ども　　◯ ＝フープ

8の字鬼

〈準備物〉フープ4人で2本

● 4人1組でフープを2つ、1.5mくらい
　開けて置きます。
● フープの中に入っている2人が鬼です。
　残りの2人は8の字（一方方向）に回り
　ます。
● フープの間を通り抜けるときに鬼にタッ
　チされないようにタイミングを計って潜
　り抜けようとします（鬼はフープから出ることはできません。手は伸ばしてもOK）。
● 一定時間で交代するか、タッチされたら交代でも良いでしょう。

きゃあー！

曲線を描く走り方を経験することと、潜り抜ける2人と鬼2人のかけひきを楽しみます。

鬼ごっこ「どっちから行こうかな」

〈準備物〉コーン4本、ライン

●スタート地点から反対側のゴール（2か所で、2か所の間隔は7〜10m）を目指していきます。
●鬼（保育者1人）がいて、タッチされたら外側から出てスタートに戻って再スタートします。
●コーンを通過できたらゴールです。
●子どもは5人ずつスタートで、5人が全員ゴールできたら、次の5人がスタートします。

ねらい・留意点

保育者は子どもたちが「かけひき」を理解できるように、あえて反応を鈍くして（演じて）、子どもたちに「逆をつけばうまくいく」という、かけひきの成功体験を積めるように配慮しましょう。

チーム対抗 じゃんけん宝とり

〈準備物〉玉入れの玉50個くらい

●帽子で色分けし2チームに分かれ
　ます。
●玉（宝）を半数ずつ分けます。
●玉を1個持って相手の人とじゃんけ
　んします。
●勝ったら1個ゲット、なくなったら
　自陣の玉を取りに行って復活します。
●時間制で玉の多いチームの勝ちで
　す。（繰り返し）

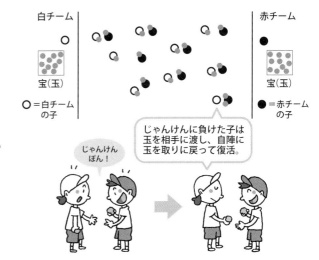

ねらい・留意点

いろんな友達とじゃんけんする機会
のなかで数を数えたり、勝ち負けによって玉が減る、増えるといった「数」に対する認識
にもつながります。

5歳児

 つながる あそび
第**1**期 いろんな友だちと
関わりふれあう遊び

イスをつかったふれあい遊び①

〈準備物〉イス３人に１脚

● 「ストップ」で好きなイスに３人１組（イス、膝の上、さらにその膝の上）で座ります。一緒に座ったメンバーを覚えます。その３人で集まる時のグループ名を決めます。（例えばイチゴ、全員共通！）

●一度シャッフルするために、また動いて、ストップの合図で３人１組で座ります。新たな３人のグループ名を決めます。（例えばバナナ、全員共通！）

● 「イチゴ！」と言ったらイチゴの３人１組で集まって座ります。

● 「バナナ！」と言ったらバナナの３人１組で集まって座ります。

●何度か「イチゴ」⇔「バナナ」を繰り返し、理解できたら、またシャッフル（好きな場所に座る）して、新たな３人１組で座ります。（例えばメロン、全員共通！）

● 「イチゴ」→「メロン」→「バナナ」→「メロン」→「イチゴ」というように、指定したグループの３人１組で集まって座ることを繰り返します。

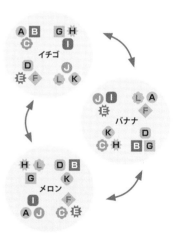

ねらい・留意点

　２つのグループを何度か繰り返してから３つめに展開するということが、幼児の特性を理解した展開方法です。それは、はじめは保育者主導で動きによって理解し、理解に至れば子どもたちの力にゆだねていくというプロセスと同様だからです。

イスをつかったふれあい遊び②

〈準備物〉イス３人に１脚

● １つのイスに３人が座ります。
● グルグルまわってストップの合図でイスに座る、膝の上に座る、さらに膝にすわる。何度か繰り返します。
● 「でーきたできた、なーにができた」で、「おうぎ」や「３人タワー」などの形をつくって、10秒数えたら終了です。また、イスのまわりをグルグル⇒ストップ⇒形づくりのパターンを繰り返します。
● メンバーチェンジをして新しい３人でイスに座ります。

ストップ！　　ストップ！

形づくりのパターン

おうぎ　　　　３人タワー

ねらい・留意点

誰が下で、誰が真ん中で…ということを自分たちで考えて決めていきます。いろんな友達といろんな体験や感情を経験することで、子ども同士の理解のきっかけになります。

イスをつかったふれあい遊び③

〈準備物〉イス全体の３分の２程度

● ２つのイスを横並びにくっつけて置きます。

2つくっつけたイスをランダムに配置します。

立っている子はつかまえるぞー

● ４分の１程度の子どもはイスなしで、２人並んで座っている友達のひざの上に座ります（右左どちらでも良い）。

● ひざの上に座られたとなりの子が立って、別の２人のひざの上に座りに行きます。

● ひざの上に座った子はとなりの空いたイスに座ります。

● しばらくこの動作を繰り返し続けます。

● このルールがインプットされたら、鬼を（最初は保育者）１人決めて、座っていない子を追いかけます。

ねらい・留意点

ルール理解を言葉の説明ではなく、全体的な複数のルールを分割し、１つ１つのルールに沿った動きで理解していきます。スペースと全体の人数によって、イスの数（減らす数も）を調節します。

移動のルール

友達のひざの上に座る。

別の２人のひざの上に座りにいく。

となりの空いたイスに座る。

フープでグリコじゃんけん

〈準備物〉フープ６本

● フープを６こ直線上に並べます。

● 対面同士の相手とじゃんけんします。

● グーで勝ったら「グリコ（３すすむ）」

● チョキで勝ったら「チョコレイト（６すすむ）」

● パーで勝ったら「パイナップル（６すすむ）」

● 相手の陣地に入ったら勝ち（１ポイント）

　※連続で勝てば相手陣地に入るため必然的に勝ち（１ポイント）

　※『グリコ』ばかりが連続して続いた場合、５回で勝負がつきます。

列には2～3人ずつ並び対抗します。じゃんけんの経験を多く積むことによるルール理解と、数の認識「グ・リ・コで3つすすむ」を育みます。

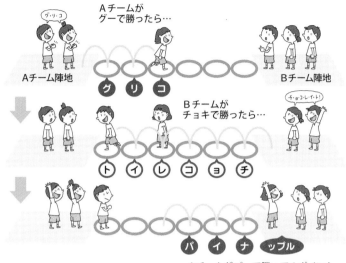

おうまさんたおし

- ●2人1組になります。
- ●どちらかが馬（四つん這い）になります。
- ●もう1人は横から（肩と腰のあたりに手を添えて）押します。
- ●馬は踏ん張って動かないように力を入れて耐えます。
- ●10秒数えて馬が倒れなかったら馬の勝ち。倒れてしまったら馬の負け。
- ●交代して繰り返します。（メンバーチェンジ）

ねらい・留意点

相手の力を受けながら自分の力を出すことで、体幹を使い、踏ん張る感覚を身につけます。このような経験が心の面においても我慢強さや忍耐力にもつながります。

馬の負け　　　馬の勝ち

しっぽか？ コーンか？

〈準備物〉 コーン、ハチマキ

● 1対1で対決します。それぞれ腰のところでしっぽ（ハチマキやなわ）をつけています。

● コーンから「ヨーイドン！」の合図でスタートし、相手のしっぽを先に取るか、相手のコーンを先に倒すかで勝敗を競います。

● 「ヨーイドン！」から「1，2，3…と10数えたら終わり」で「次の2人と交代」＝10秒で決着がつかなければ「引き分けもあり」。

ねらい・留意点

相手の出方を見て判断したり、タイミングを見計らって仕掛けたりと「かけひき」という要素を遊びの中で経験していきます。

ボールやフープなどに慣れ親しむ遊び

アルプスじゃんけん

●3人1組横並び。3人対3人で向かい合って立ちます。
●まーえにすすんで（前にすすむ）うしろにさがって（さがる）くるりとまわって（1回まわる）
　じゃんけんぽん！（対面の人とじゃんけん）※あいこの場合は勝敗つくまであいこでしょ！
●3人対3人の合計（3対0か2対1）で勝敗決定です。
●負けた方は馬になり、勝った方は1人ずつ馬の背中に手を置き、「ランラランラララ　ラ
　ンラランラララ♪」を歌いながら少し弾むような動きをします。
●相手を変えて同じ要領で繰り返します。

ねらい・留意点

1人ひとりの勝敗の合計で3人の結果が決まるので、3人の気持ちに一体感が芽生えます。

『アルプス一万尺』の節に合わせて

A組 → ← B組　♪まーえにすすんで

♪うしろにさがって

♪くるりとまわって

勝 勝 勝　負 負 負
A組　　　B組
♪じゃんけんぽん！

A組が3対0で
勝ったので、
B組がお馬になる

♪ランララン〜

グーとパーでわかれましょ

●3人で座って「グーとパーでわかれましょ！」でグーかパーを出す。
●グーグー（2人）パー（1人）か、パーパー（2人）グー（1人）になったら、1人はおしりスリスリで逃げる、2人はおしりスリスリで追いかける。
●タッチされたらまたそこでグーとパーでわかれましょをする。

ねらい・留意点

ルールを理解するまでは、2人（追いかける）1人（逃げる）を決めて、2人は5数えてから追いかけるとして、5秒でストップ交替というように保育者主導ですすめます。理解できたら、グーとパーでわかれましょでスタート、タッチ、またグーとパー…と子どもたちだけですすめていきます。

3人でボール遊び

〈準備物〉ボール3人に1個

●3人1組でボール1個。
●座って転がし合い、ボール回し(隣に手渡し、3.2.1、ドカン！)、
●立ってワンバンパス。
●2人が転がして、1人はそのボールに当たらないように行ったり来たりします。10秒で交代。
●ボール取り。1人で守って2人で取る。10秒で交代。

転がし合い

ボール回し

後ろに倒れる

ワンバウンドパス

ボール取り

ボールを扱う、操作するという要素も少し入っていますが、数多くいろんな友達と「経験する」ことが大切です。

じゃんけん宝集め

〈準備物〉玉入れの玉

● 3人1組で電車の形になります（玉を3人で2個持ってスタート）。
● 先頭同士じゃんけんします。
● トータルで3回勝てば、相手から玉を1個もらえます。
● 勝ったら先頭はそのまま、負けたら最後尾につきます。
● 玉がなくなったら予備の玉を1個取って復活できます。
● 別の3人電車と同じルールで繰り返します。

例えば…
Aチーム　Bチーム

● 1回戦
Aチーム　1勝
Bチーム　0勝
Aチームの子は先頭のまま
Bチームの子は最後尾へ

最後尾へ

● 2回戦
Aチーム　2勝
Bチーム　0勝
Aチームの子は先頭のまま
Bチームの子は最後尾へ

最後尾へ

● 3回戦
Aチーム　3勝
Bチーム　0勝

Aチームがトータルで3勝
したので宝を1個ゲット

Aチームの子は先頭のまま
Bチームの子は最後尾へ

Aチーム、
Bチーム、
それぞれ
別の3人組
との対戦へ

見本を何パターンか見せて、勝敗の付け方をしっかりと 共有してからはじめましょう。

新聞棒ホッケー

〈準備物〉 新聞紙を丸めて作った棒（スチロールの棒なども代用可能です）6本×2チーム分
玉入れの玉1、コーン4

● 新聞紙を丸めて作った棒を1チームの人数×2用意します。
● 1チーム5～6人×2チームずつ（赤A対白Aなど）で対戦します（室内で行う）。
● コーンでゴールをつくり、相手ゴールに玉を入れることができたら1点。
● 3分ずつで交代します。

赤Aチームと白Aチームが対戦中。
赤Bチームと白Bチームが応援中。

ねらい・留意点

新聞紙の棒は長さ50センチ程度、太さ4センチ程度で、セロハンテープなどでしっかり固定しましょう。
作戦をチームで考えらるように「作戦タイム」を設けてみましょう。

3人つながって関所やぶり

〈準備物〉ハチマキ3人に1本

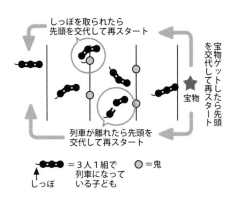

しっぽを取られたら先頭を交代して再スタート

宝物ゲットしたら先頭を交代して再スタート

列車が離れたら先頭を交代して再スタート

宝物

- =3人1組で列車になっている子ども
しっぽ
- =鬼

● 3人1組で列車になります。最後尾の子どものうしろにハチマキなどでしっぽ（膝より下くらいの長さ）をつけます。

● ラインのところに「鬼」が立っています。鬼はライン上しか動けません。

● 電車の状態で「鬼にしっぽを取られないように」また「列車がバラバラに離れないように」くぐり抜けていきます。しっぽを取られたり、列車が離れたら横から出て先頭を交代して再スタートします。

● 最終ラインを越えたら宝物ゲットです。またスタートに戻って先頭交代してスタートします。

ねらい・留意点

先頭の子どもだけの判断で、3人がつながったまましっぽを取られずに通過するのは困難です。繰り返していく中で、向きを変えたり、3人分の長さやタイミングを見計い声をかけ合って、「すき」を見つけることができるかがポイントです。3人で作戦タイムを設けてみることも有効でしょう。

出発しまーす

ゴーゴー!!

Point　ボール・フープについて

その物（手具）の特性を活かす（フープであれば回す、転がすなど）要素と、子ども同士の関わり合い（フープ電車になる、ボールを奪い合うなど）の要素が相互にうまく溶け込むことによって、物の扱い方に慣れ親しむことと、友達の力やタイミングなど、動きを通した関わり合う経験を育むことにつながります。

つながる あそび

第3期 プール、運動会を意識した遊び

プールでレスキュー

●クラスを半分に分けます。

●半分の子どもは端に集まってしゃがみます。

●もう半分の子どもは反対側から歩いて移動して、しゃがんでいる子どもの両手を持って、反対側の壁まで引っ張っていきます。

●全員レスキューできたら交替して、繰り返し行います。メンバーチェンジもしましょう。

●=レスキューする子
●=レスキューされる子

しゃがんでいる子のところへ歩いて移動

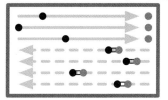

しゃがんでいる子の両手を持って、反対側まで引っ張っていく

ねらい・留意点

引っ張ってもらう子は、顔を上げて水が口に入ってこないようにしましょう。はじめの2〜3回は一斉にスタートして、全員レスキューできるまで待って、交替して繰り返しますが、その後は、反対側まで引っ張ることができたら、自分たちで交代して繰り返せるようにしましょう。

エンドレストラックリレー

〈準備物〉イス、バトン

●トラックの形に合わせてイスを置きます。

●3〜4人1組になって、先頭の子どもはバトンを持ってトラックを1周回ってきます。

●次の子はイスに座って待ち、バトンをもらったら交替して走ります。

●これを繰り返し（エンドレス）行います。

先頭がバトンを持って一周

まず、「リレー」の《バトンタッチ》と《トラックを走る感覚》を
身につけます。少人数で繰り返し（エンドレス）行うことで、集中
して意欲的に取り組み、仲間との一体感を感じることがねらいです。

バトンタッチ

マットでGO！ジャンプジャンプでGO！

〈準備物〉マット1枚×列数

● 4人でマットを運んで置きます。
● 4人のうち2人はマットの上に少し間隔をあけてうつぶせで
　寝ます。
● 残りの2人はジャンプジャンプで跳び越えます。コーンを回
　ってきて交替してうつぶせで寝ます。
● うつぶせの2人はジャンプされたら、同じくコーンを回って
　きて、今度はジャンプジャンプをします。
● 4人ともマットを持ってスタート地点まで戻ります。

ジャンプジャンプ

ジャンプジャンプ

ねらい・留意点

「4人でマット1枚をつかって」というシンプルなテーマだけで
も、4人が1人ずつ前転をしてコーンを回ってきたり、2人が
トンネル2人がくぐる、コーンを回って交替など、いろんなバ
リエーションが考えられます。大切なことは本番の種目以外の
種目をいろんな相手とたくさん経験することです。

4対2引っこし鬼

〈準備物〉コーン6人に4本

● 4つコーンを立てます（5ｍ程度の間隔）
● 4人がコーンに触っている状態から、「ヨーイドン！」で時計と反対まわりで引越しします。
● 中央に鬼がお山座りをしていて、「ヨーイドン！」で4人の誰でもいいのでタッチ（捕まえ）しに行きます。

ねらい・留意点

室内の場合は、4人も鬼2人も「お尻スリスリ」で動きます。4人が1周（4回）したら鬼交代します。

トントンイエーイとトントンエーン

● 3人1組ですわる。
● 「トントン」「上」か「下」を（両手人差し指を上か下に指す）同時に出す。
● 3人とも同じなら3人で「イエーイ（ハイタッチ）」。3人揃わなかったら「エーン（手を目の下に泣き真似ポーズ）」。
※1分程度エンドレスで繰り返してメンバーチェンジ。

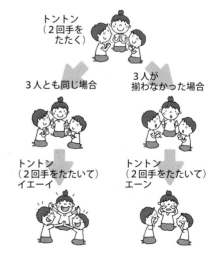

はじめは「トントン上」「トントンイエーイ」ばかりを3回くり返して、その後「トントン下」「トントンイエーイ」を3回繰り返して、その後に違うのが出たら「エーン」というルールを加えて、というように段階を踏んで展開するとわかりやすいでしょう。

ニコニコキック

〈準備物〉「2こ2こボール」×列数、リング

- 2つのボールをネットでつなげた「2こ2こボール」をつくります。
- 2人でリングなどを持ってつながって、「2こ2こボール」を足でドリブルしながら進みます。コーンをまわって「2こ2こボール」が交替ラインを通過したら、次の2人にリングを渡して交替します。

ねらい・留意点

大きく蹴って走るのか、ていねいに2人でドリブルで運ぶのか、お互いの考えを分かち合う2人の意思疎通が必要になります。

つながる あそび 第4期　鬼ごっこやチームで対抗する遊び

レスキュー競争（室内向け）

〈準備物〉マット２枚

● クラスを半分に分けます（20人の場合10人・10人）。
● 10人のうち６人が仰向けで横並びで寝ます。
● ５〜７m離れたところ（スタートライン）から、寝ている人の所に行き、２人で１人を（足首を持って）スタートラインまで引っ張ってきます。
● 全員引っ張ってきて、早く全員を引っ張れたチームの勝ちです。
● 引っ張る人を交代して２回目、３回目と行います。

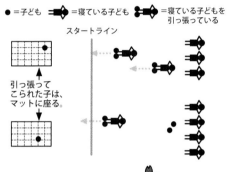

● =子ども　　 =寝ている子ども　　 =寝ている子どもを引っ張っている
スタートライン
引っ張って
こられた子は、
マットに座る。

ねらい・留意点

床がすべるという環境が必須です。引っ張られる人は両手を頭の後ろに置きます。引っ張る人は服などを引っ張らず、しっかりと足首を持つようにしましょう。引っ張り終えた子どもと引っ張ってくる子どもとがぶつからないように、ラインを越えたら少し離れたマットに座っておくなどの設定をしておきましょう。

「だるまさんがころんだ」チーム対抗戦

〈準備物〉コーン７〜８本×２　宝物30個ずつ

● ２チームに分かれます。
● スタートからゴールを目指して、（コーンが安全地帯、「だ！」の時にコーンに触っていなかったらアウト、もし

くは鬼にタッチされたらアウト）ゴールにたどり着いたら宝物（玉入れの玉など）を1個ゲットできます。端から戻って自分のチームのかごに入れます。

●赤チームが行くときは白チームの2人が「だーるまさんがころんだ」を言います。アウトを指摘するのもこの2人。白チームはこの時は休み。交代して、白チームが行くときは赤チームの2人が「だーるまさんが…」を言います。

●10回以上交互に繰り返して玉の数を数えて勝敗を決めます。

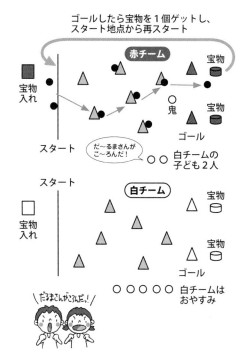

ねらい・留意点

「だるまさんがころんだ」を早く言わないと、どんどん前に進まれてしまうことに気づくか。

マットに鬼！ 関所くぐり

〈準備物〉 マット5～6枚、コーン4本

●スタートからコーンを目指します。
●マットに鬼がいて、行く手を阻みます。
●片足はマットについていなければいけません。
●タッチされたら再スタート。
●一定時間で鬼の交代です。

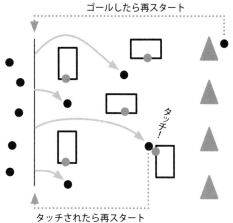

ねらい・留意点

鬼がマットの置き方を相談（作戦タイム）して自分たちなりに置いてみましょう。

お鍋鬼

〈準備物〉バケツ・フープ各5〜6こ

● 鬼は4〜5人程度。
● タッチされると線で描いた円の中（お鍋）に入る。勝手に出ることはできません。
● お鍋の「フタ」に見立てたバケツやかごなどを置いておき、仲間がその「フタ（表と裏がはっきりわかるもの）」をひっくり返したら、円の中に入っていた人も逃げることができます。
● 鬼はフタに触る（守る）ことはできませんが、ひっくり返しに来た相手をタッチすることはできます。

場所が狭い場合やすぐにタッチされてしまう状況であれば「安全地帯（フープやコーンなど、そこに入っていたり触っているとタッチされない）」を設けて、駆け引きができるように場の設定をしましょう。

3人で仲間あつめ

〈準備物〉フープ人数の3分の1

● 3人がフープに集まります。いちご、バナナ、ぶどうの3種類を1人ずつ決めます。

● フープを3人で持って座ります。

● 「ぶどう」と言ったら、ぶどうだけ引っ越しします。いちご、バナナも同様。

● 「ぶどうとバナナ」と言ったら2つの種類の人が引っ越しします。

※ここからは自分は「いちご」なのか「ぶどう」なのか「バナナ」なのか、声に出して言わなければうまく3種類が揃いません。

● 「フルーツバスケット」と言ったら、3人ともが別のフープで、いちご・バナナ・ぶどうの3種類の人を新たに集めなければいけません。

子ども同士がお互いに言葉によって伝え合わなければ成立しません。ルールの中にその要素が含まれているところがポイントです。

〈著者紹介〉

徳畑　等（とくはた　ひとし）
社会福祉法人種の会　天王寺こども園園長

　「つながる遊び」をキーワードに、子ども同士がふれあい、楽しさを
共感したり知恵をだしあうなど、つながりを深める身体を使った遊び
を実践し提唱してきた。
共著『2〜5歳児のあそびライブ12か月』（ひかりのくに2015）
　　『現場発! 0〜5歳児びっくり箱〜発達が分かる遊びのツボ付き!』
　　　　　　　　　　　　　　　　　　　　　　　　（ひかりのくに2013）
　　『0〜5歳児のちょこっとあそび196』（ひかりのくに2010）

ちゃいるどネット大阪ブックレット⑦
つながる遊び　パート2

2024 年 5 月 31 日　初版第 1 刷
著　　　者　　徳畑　等
発　　　行　　特定非営利活動法人ちゃいるどネット大阪
　　　　　　　〒540-0006　大阪市中央区法円坂1−1−35
　　　　　　　　　　　　　　　　　　大阪市教育会館
　　　　　　　TEL 06(4790)2221　FAX 06(4790)2223
　　　　　　　HP　https://www.childnet.or.jp
　　　　　　　e-mail　info@childnet.or.jp
デザイン　　　上島愛子（表紙・中扉・期別イラスト）
　　　　　　　伊東直子（本文イラスト）
発 売 元　　　株式会社 解放出版社
印　　　刷　　古賀印刷株式会社